এই বইটি আমার নিজে

[নিজে আঁক]

১। এই বইটি ……………………………………………………

২। বইটিতে ……………………………………………………

৩। আমার বইটি আমি ……………………………………………

৪। আমি সব সময় ………………………………………………

৫। আমার হাতের লেখা …………………………………………

৬। আমার বইটি ……………………………………………………

৭। পড়ার জন্য বইটি ……………………………………………

স্বরবর্ণ আর ব্যঞ্জনবর্ণের খেলা

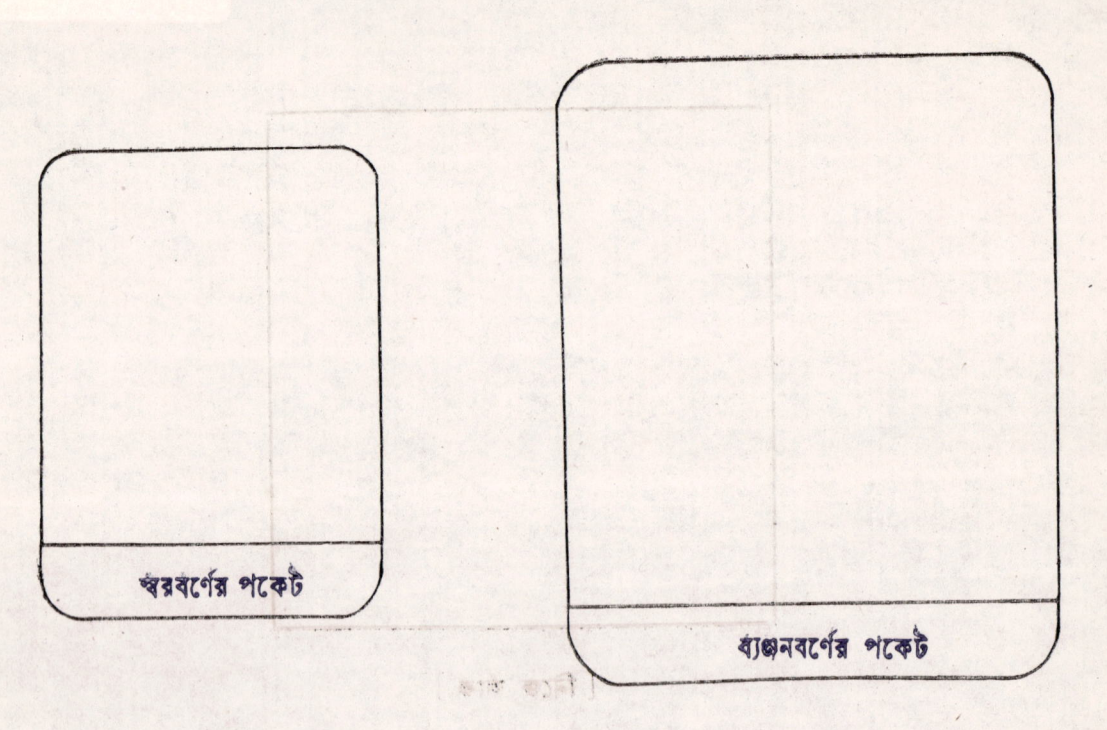

স্বরবর্ণের পকেট   ব্যঞ্জনবর্ণের পকেট

[স্বরবর্ণের সাহায্য না নিলে ব্যঞ্জনবর্ণ আলাদাভাবে উচ্চারণ করা যায় না। তাই দুই পকেটে দু-রকম বর্ণ সাজিয়ে নিয়ে এই খেলা জমিয়ে তুলতে পার।]

বাবুরাম : পটল, তোর ভাল নাম তো অ+র+ক?

পটল : হ্যাঁ, অর্ক। তোর নাম তো তাহলে ব+আ+ব+উ+র+আ+ম? কী বলিস?

দিদিভাই : বাপরে! ঐটুকু নামের ঐ চেহারা? তাহলে ডাকি তো বোনটিকে। ওরে ও প+উ+প+উ+য়+আ! শুনে যা তো!

পুপুয়া : কী বলছ দ+ই+দ+ই+ভ+আ+ই?
হ+ন+উ+ম+আ+ন+উ+ষ বাঁদরামী করছে।
ও ব+আ+ব+আ, ও ম+আ, শুনছ? বানান বানান খেলবে?

বাবা : না পুপুরানী। তোমরা খেলায় হারিয়ে দিলে লোকে আমায় হ+এ+র+ও বলবে যে!

মা ঃ আমাকে এসব থেকে বাদ দাও বাপু। আমার এখন র+আ+ন+ন+আ আছে না?

দাদাভাই ঃ ম+ই+ট+ম+ই+ট+এ আর ম+জ+ন+ত+আ+ল+ই খেলছে বলছে।

[এইভাবে এই খেলা অনেকক্ষণ ধরে খেলা যায়।]

অনুশীলনী

১। স্বরবর্ণ আর ব্যঞ্জনবর্ণের পকেট দু'টি ঠিক ঠিক ভরে লেখো।

২। ব+আ+ব+উ+র+আ+ম— ____________ অ+র+ক— ____________

প+উ+প+উ+য়+আ— ____________ র+আ+ন+ন+আ— ____________

দ+ই+দ+ই+ভ+আ+ই— ____________ ব+আ+ব+আ= ____________

হ+ন+উ+ম+আ+ন+উ+ষ= ____________ হ+এ+র+ও— ____________

ম+ই+ট+ম+ই+ট+এ— ____________ মা+আ— ____________

ম+জ+ন+ত+আ+ল+ই— ____________

৩। স্বর ও ব্যঞ্জনবর্ণ ভেঙে লেখ ঃ

পটল— ____________ দুর্গা— ____________

মূর্খ— ____________ শার্দুল— ____________

তার্কিক— ____________ বর্ধমান— ____________

কর্তা— ____________ সর্দার— ____________

সূর্য— ____________ নির্ভয়— ____________

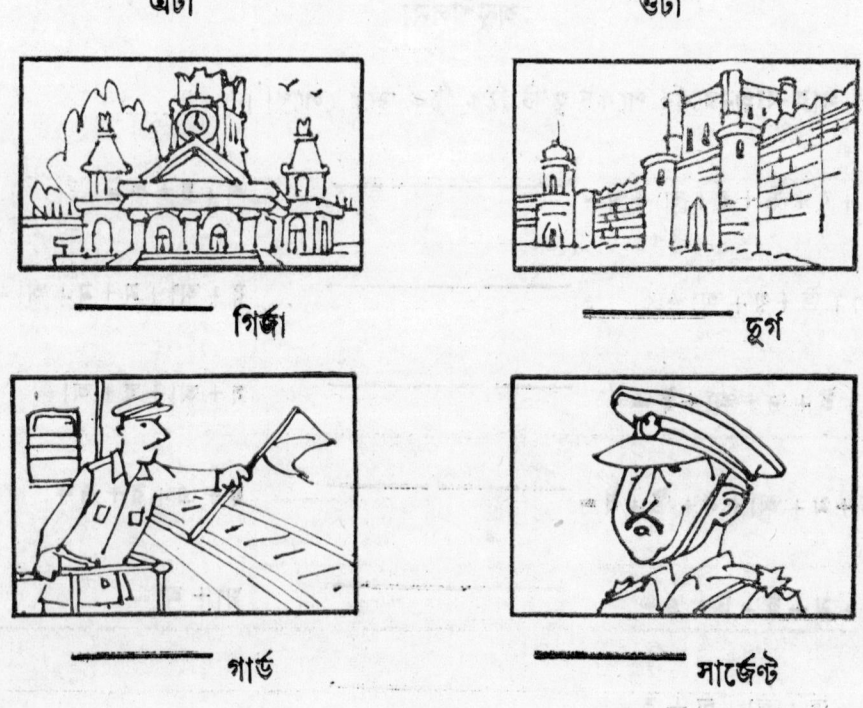

তারিখ............................

কাছে দূরে

কাছে : এ এই এটা ইনি এখানে

দূরে : ও ওই ওটা উনি ওখানে

এটা ওটা

________ গির্জা ________ দুর্গ

________ গার্ড ________ সার্জেণ্ট

অনুশীলনী

১। কাছের মানুষ আর দূরের মানুষ বুঝিয়ে শূন্যস্থান পূরণ কর ঃ

(ক) ________ ড্রাইভার। (গ) ________ আমার মা।

(খ) ________ সাইমনের বাবা। (ঘ) ________ একজন সন্ন্যাসী।

(ঙ) ________ পাদ্রী।

২। কাছের জিনিস আর দূরের জিনিস বুঝিয়ে শূন্যস্থান পূরণ কর ঃ

(ক) ________ জাহাজ (ঘ) ________ চাঁদ।

(খ) ________ ব্রিজ (ঙ) ________ নদী।

(গ) ________ ট্রেন (চ) ________ আম্র-কানন।

তারিখ..........................

রেফ-এর খেলা

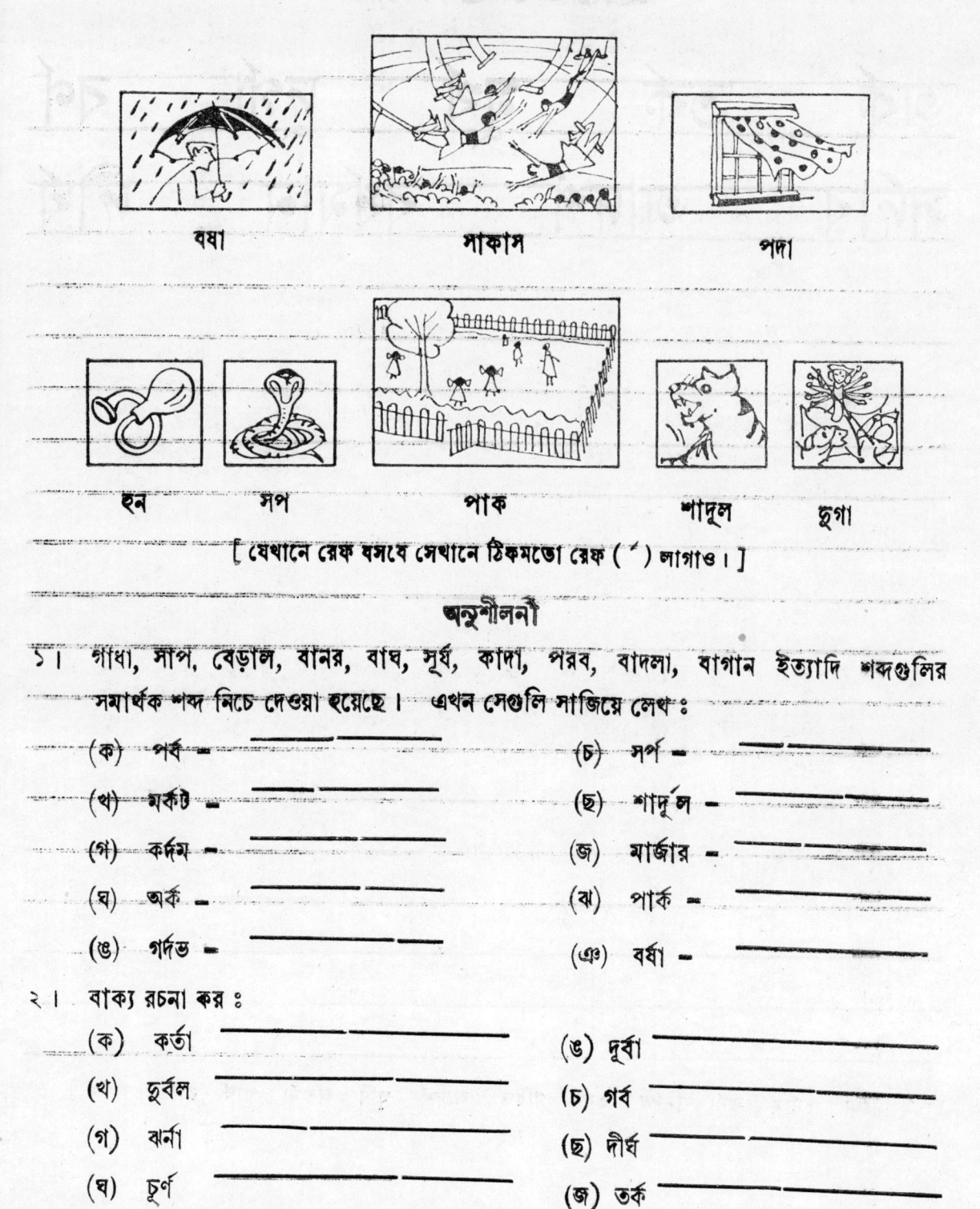

বষা

সাকাস

পদা

হন

সপ

পাক

শাদুল

দুগা

[যেখানে রেফ বসবে সেখানে ঠিকমতো রেফ (´) লাগাও।]

অনুশীলনী

১। গাধা, সাপ, বেড়াল, বানর, বাঘ, সূর্য, কাদা, পরব, বাদলা, বাগান ইত্যাদি শব্দগুলির সমার্থক শব্দ নিচে দেওয়া হয়েছে। এখন সেগুলি সাজিয়ে লেখ ঃ

(ক) পর্ব – ____________ (চ) সর্প – ____________

(খ) মর্কট – ____________ (ছ) শার্দুল – ____________

(গ) কর্দম – ____________ (জ) মার্জার – ____________

(ঘ) অর্ক – ____________ (ঝ) পার্ক – ____________

(ঙ) গর্দভ – ____________ (ঞ) বর্ষা – ____________

২। বাক্য রচনা কর ঃ

(ক) কর্তা ____________ (ঙ) দুর্বা ____________

(খ) দুর্বল ____________ (চ) গর্ব ____________

(গ) ঝর্না ____________ (ছ) দীর্ঘ ____________

(ঘ) চূর্ণ ____________ (জ) তর্ক ____________

তারিখ..........................

হাতের লেখা

অর্ক   তর্ক   মূর্খ   দুর্গা   বর্ণ

সর্দার   আদর্শ   বর্ধমান   দীর্ঘ

[নির্জন   দুর্নাম   ঝর্না   নির্দয়   কর্ষণ   গর্হিত   আদর্শ   ঘূর্ণি   অকর্মা   পার্থ   দুর্লভ   অর্গল]

তারিখ ....

ভাষা নিয়ে কথাবার্তা

একদিন হাসান, ইব্রাহিম, সাইমন, বাবুরাম, রাবেয়া সবাই কথা বলছে। হাসানের বাবা ওদের কথা শুনছিলেন।

সাইমন : আচ্ছা হাসান, তুই কি আজকাল শুধু ক্রিকেট খেলিস ?

হাসান : না না, ফুটবলও খেলি তো ! আগে তো তুইও আমাদের দলে ছিলিস।

বাবুরাম : এই রে ! 'ছিলিস' আবার কি ? ওটা ভুল। কথাটা 'ছিলি' হবে, ছিলিস নয়।

ইব্রাহিম : আমার চাচা অনেক সময় 'ওঁর' না বলে বলেন 'ওনার' ! 'ওঁরা'কে বলেন 'ওনারা'।

রাবেয়া : চন্দ্রবিন্দু বলতে পারেন না কিনা, তাই বোধহয় —

বাবা : বোধ হয়। চর্চা না করলে ভাষার বাঁধুনি নষ্ট হয়ে যায়। আজকাল কত যে ভুল আমরা করি ! সকলেরই অভিধান দেখা উচিত।

অনুশীলনী

১। শব্দগুলি ঠিকমতো বসিয়ে শূন্যস্থান পূরণ কর :

আমি আপনি সে তিনি উনি ওঁর তুমি তুই ও ইনি

(ক) ________ ক্রিকেট খেলিস। (চ) ________ আমার দাদা।

(খ) ________ গ্রামে থাকেন। (ছ) ________ পার্কে বেড়াই।

(গ) ________ রোজ শহরে যান। (জ) ________ বাড়ি যায়।

(ঘ) ________ পর্দা সরাও। (ঝ) ________ বিকেলে খেলে।

(ঙ) ________ ট্রামে উঠুন। (ঞ) ________ ছেলে ছবি আঁকে।

২। এই শব্দগুলি থেকে বেছে নিয়ে শূন্যস্থান পূরণ কর ঃ

আমরা তোমরা এরা এঁরা তারা আপনারা তোরা ওরা ওঁরা তাঁরা

(ক) ________ কাজ করে।
(খ) ________ ট্রামে চড়েন।
(গ) ________ ছাত্রাবাসে থাকে।
(ঘ) ________ দেশভ্রমণ করি।
(ঙ) ________ প্রতিমা দেখুন।
(চ) ________ হ্রদের ধারে বেড়াও।
(ছ) ________ কলকাতায় থাকেন।
(জ) ________ তাজমহল দেখে এলেন।
(ঝ) ________ এতক্ষণ কোথায় ছিলি?
(ঞ) ________ ভাল গান জানে।

৩। 'তুই', 'ইনি', 'উনি', 'তাঁরা', 'এরা', 'তোমরা'—এই শব্দগুলি ব্যবহার ক'রে নতুন বাক্য রচনা কর ঃ

(ক) ________
(খ) ________
(গ) ________
(ঘ) ________
(ঙ) ________
(চ) ________

কার বাড়ি, কাদের বাড়ি ?

আমার	তোমার	আপনার	তোর	তার
আমাদের	তোমাদের	আপনাদের	তোদের	তাদের
ওর	তাঁর	এঁর	ওঁর	
ওদের	তাঁদের	এঁদের	ওদের	

উপরের যে কোনটি দিয়ে নিচের ফাঁক পূরণ করতে পার :

____________বাড়ি মৌরীগ্রামে।

অনুশীলনী

১। উপরের নয় জোড়া শব্দের প্রতিটি দিয়ে বাক্য রচনা কর।

—

কাকে, কাদের ?

আমাকে	তোমাকে	আপনাকে	তোকে	ওকে
আমাদের	তোমাদের	আপনাদের	তোদের	ওদের
তাঁকে	এঁকে	ওঁকে		
তাঁদের	এঁদের	ওঁদের		

এগুলি থেকে বেছে নিয়ে নিচের শূন্যস্থানগুলি পূরণ করা যায় :

____________ব্যাটবল দাও।

আমি____________ম্যাজিক দেখাই।

দাদা____________আইসক্রিম খাওয়ায়।

অনুশীলনী

১। উপরের আট জোড়া শব্দের প্রতিটি দিয়ে বাক্য রচনা কর।

তারিখ..............................

টি টা খানা খানি জন

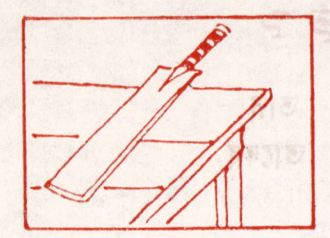

টেবিলের উপর একটি ব্যাট।

আমাকে ব্যাটটি দাও।

আপনার টর্চ আছে।

টর্চটা বার করুন।

তোমার তিনখানা কার্ড।

একখানা কার্ড পুপুয়াকে দাও।

বাস চালান একজন ড্রাইভার।

মেশিন চালান একজন শ্রমিক।

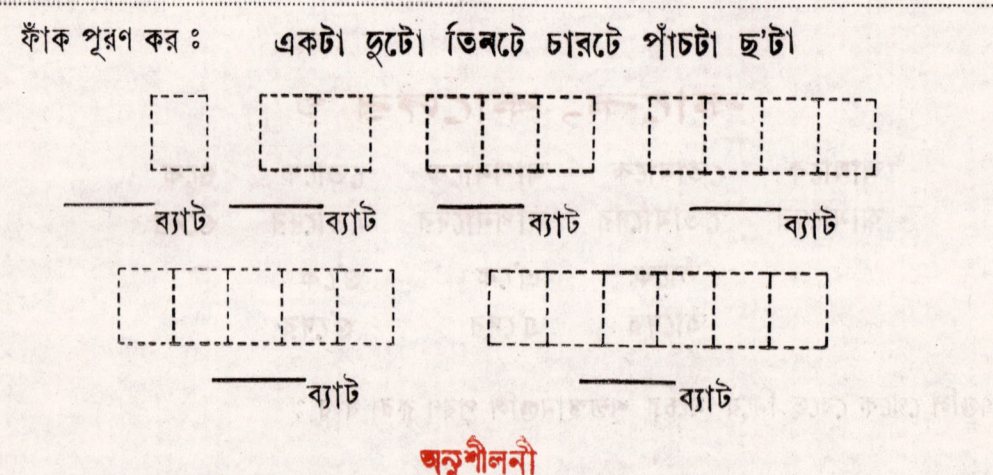

ফাঁক পূরণ কর ঃ একটা দুটো তিনটে চারটে পাঁচটা ছ'টা

______ ব্যাট ______ ব্যাট ______ ব্যাট ______ ব্যাট

______ ব্যাট ______ ব্যাট

অনুশীলনী

১। রুমাল, কাপড়, পাঁচ, মুখ, এগার—এই শব্দগুলির সঙ্গে 'টি' ইত্যাদি ব্যবহার ক'রে শূন্যস্থান পূরণ কর ঃ

(ক) আমার ______ দাও।

(খ) ওদের ______ ছাড়।

(গ) পটলদের ______ আমগাছ আছে।

(ঘ) ছোট মেয়েটির ______ সুন্দর।

(ঙ) তাদের ফুটবল টিমে ______ খেলোয়াড় আছে।

তারিখ.........................

সঠিক অক্ষর

ত্রি ক্রি র্দা গ্র ব্যা ভ্র র্জ স্র র্কা ব্য র্ব স্থা

উপরের অক্ষরগুলি নিচের শূন্যস্থানে বসাতে হবেঃ

— মণ ; সহ — ; — বসায়ী ; অমাব — ; প — ত ; নি — ন ;

— টারি ; — হতারা ; ঠাকু — ; প — কা ; সা — স ; আইস — ম।

ছবির নাম

দাঁড়িপাল্লা এক্কা পঙ্গপাল ভুট্টা চক্ষু পালঙ্ক জঙ্গল রজ্জু

ছবিগুলি দেখে উপরের নামগুলি বসাতে হবেঃ

______

______

______

______

______

______

______

______

এমন একটা জিনিস যা বাতাস পছন্দ করে, ডানা নেই তাও উড়তে পারে, ল্যাজ আছে কিন্তু পা নেই। সেই জিনিসের নাম লেখ ও ছবিটি আঁক।

তারিখ............................

সাড়া-শব্দ

হ্যাঁ   না   হুঁ   উঁহু

এইগুলি ব্যবহার ক'রে আমরা প্রশ্নের জবাব দিই—কখনো সোজাসুজি, কখনো সাড়া দিয়ে। তুমিও এইভাবে জবাব দিতে পার ঃ

১। তুমি কি ছাত্র ? ——— আমি ছাত্র।

২। তুমি কি বোর্ডিংএ থাকো ? ——— আমি বাড়িতে থাকি।

৩। বাড়িতে দাদা দিদি আছে ? ——— আছে।

৪। তোমার বুঝি ঘুম পেয়েছে ? ——— পায় নি।

কি কী কোথায় কে কার কাকে কারা কাদের কখন কবে

প্রশ্ন করার সময় আমরা উপরের শব্দগুলি ব্যবহার করি। এগুলি থেকে বেছে ফাঁকা জায়গায় বসাও ঃ

১। তুমি ——— স্কুলে যাও ? হ্যাঁ, আমি স্কুলে যাই।

২। তোমার নাম ——— ? আমার নাম অর্ক সরকার।

৩। তুমি ——— থাকো ? পার্ক সার্কাসে।

৪। বাড়িতে আর ——— আছেন ? ঠাকুর্দা, বাবা আর মা।

৫। ——— কাছে পড়ো ? মা-র কাছে।

৬। ——— নিয়ে তুমি পার্কে যাও ? ঠাকুর্দাকে নিয়ে।

৭। ও বাড়িতে ——— থাকেন ? মিত্রবাবুরা।

৮। ——— ভিড় রাস্তায় ? মিছিলের লোকদের।

৯। ——— স্কুল ছুটি হয় ? বিকেল চারটেয়।

১০। গরমের ছুটি ——— শুরু হবে ? জুন মাসে।

তারিখ..........................

সোজা কথায় 'না'

বাপ্পার শরীরটা ভাল ছিল না। ও আলাউদ্দিনকে বলল, 'আমার শরীরটা আজ ভাল না।'

শুনে দাদাভাই বলে উঠল, 'শরীর ভাল না বলে না—বলতে হয় শরীর ভাল নয়।'

বাবুরাম মুখ টিপে হেসে বলল, 'যেমন, তুমি বাঁদর নয় বলা ঠিক হবে না। বলতে হবে তুমি বাঁদর নও।'

ওরা তিনজন এ কথায় হেসে উঠল।

এমন সময় পুপুয়া ঘরে ঢুকে দাদাভাইয়ের কাছে আবদার জুড়ল, 'দাদাভাই, তুমি অনেকদিন আমাদের গল্প বল নাই! আজ কিন্তু বলতেই হবে।'

সবাই হেসে ওঠায় পুপুয়া অবাক। দাদাভাই হাসি থামিয়ে বলল, 'বোকা মেয়ে। বল নাই আবার কী? বলতে হবে বল নি।'

না নেই নয় নই নও নন নি

অনুশীলনী

১। উপরের শব্দগুলি ব্যবহার ক'রে শূন্যস্থান পূরণ কর :

(ক) আমি দুর্বল ________

(খ) আমাদের ক্যারাম বোর্ড ________

(গ) তুমি বর্ষায় বাইরে যেও ________

(ঘ) আমি জানি তুমি এ কাজ কর ________

(ঙ) জায়গাটা নির্জন ________

(চ) তুমি মিথ্যাবাদী ________

(ছ) উনি সম্রাট ________

তারিখ..................

উল্টোপাল্টা

ই র ড্রা ভা   নী তর্ জ   ট ব ব্যা ল

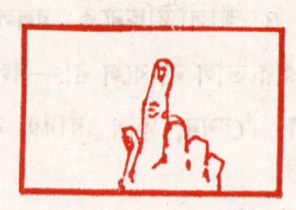

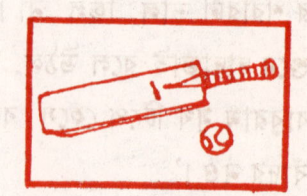

_____   _____   _____

নৃ গী ত ত্য   দ ণ র্প   ন গ্রা ফো মো

_____   _____   _____

[শব্দগুলো উল্টোপাল্টা হয়ে গেছে। প্রত্যেক ছবির নিচে সঠিক শব্দগুলো লেখ।]

মেলানোর খেলা

সজ্জা   তূর্য   লভ্য   ক্রমিক   বর্ম   প্যাকেট   ছিন্ন

[তলায় যে শব্দগুলি দেওয়া হল, উপর থেকে শব্দ নিয়ে তার প্রত্যেকটির নিচে মিলিয়ে বসাও।]

শ্রমিক   সভ্য   ধর্ম   ব্র্যাকেট   সূর্য   ভিন্ন   লজ্জা

_____   _____   _____   _____   _____   _____   _____

তারিখ..........................

কাছে ও দূরে

[ছবিতে রং দাও]

| সামনে | কাছে | পাশে | মধ্যে | ওপরে |
| পেছনে | দূরে | ধারে | সঙ্গে | নিচে |

অনুশীলনী

১। ছবি দেখে ও উপরের শব্দগুলি ব্যবহার করে শূন্যস্থান পূরণ করঃ

(ক) _____ তুষারাবৃত হিমালয়।

(খ) পর্বতের _____ নীল আকাশ।

(গ) _____ তরাইয়ের জঙ্গল।

(ঘ) তার _____ এক খরস্রোতা নদী।

(ঙ) নদীর _____ ওপরে কাঠের ব্রিজ।

(চ) বনের _____ দুর্গম পথ।

(ছ) ব্রিজের _____ এক প্রহরী।

(জ) তার _____ এক ডালকুত্তা।

(ঝ) _____ সৈন্যদের তাঁবু।

(ঞ) তার _____ একটা সবুজ মাঠ।

তারিখ.............................

সঠিক বানান

ভ্রমণ ভ্রমন ; হর্শ হর্ষ , প্রতিক প্রতীক ; ব্যবসায়া ব্যাবসায়ী ; অগত্তা অগত্যা ; চিক্কন চিক্কণ ; প্রহরি প্রহরী ; বিক্ষণ বীক্ষণ ; সঙ্গিত সঙ্গীত ; বঙ্কিম বঙ্গিম ; সঙ্খ শঙ্খ ; পূণ্য পুণ্য ; সদশ্য সদস্য ; গর্ধভ গর্দভ ; শূণ্য শূন্য ; গুন গুণ ; প্রানী প্রাণী ; সাহায্য সাহার্য ; প্রাঙ্গন প্রাঙ্গণ ; মধ্যাহ্ন মধ্যাহ্ন ।

[উপরের প্রত্যেক জোড়া শব্দের মধ্যে একটি বানান ভুল আছে। ঠিক বানানের নিচে দাগ দাও।]

শব্দের মিল

দৈন্য	ডঙ্কা	রঙ্গ	সখ্য	খাপ্পা	মজ্জা	শল্য	পাল্লা
সঙ্গ	সৈন্য	লজ্জা	কল্য	শঙ্কা	মাল্লা	ধাপ্পা	দক্ষ

[প্রথম সারির শব্দগুলির সঙ্গে মিল আছে এমন শব্দ বেছে নিয়ে দ্বিতীয় সারির প্রত্যেকটি শব্দের নিচে বসাও ।

অনুশীলনী

১। নিচের শব্দগুলি ব্যবহার ক'রে বাক্য রচনা কর ঃ

বাচ্চা ঃ ________________

চপ্পল ঃ ________________

ফক্কা ঃ ________________

দৈন্য ঃ ________________

লজ্জা ঃ ________________

পাল্লা ঃ ________________

খাপ্পা ঃ ________________

দিল্লী ঃ ________________

ধাপ্পা ঃ ________________

সঙ্গীত ঃ ________________

তারিখ..............................

হাতের লেখা

[দেখে লেখ]

আম্র শ্রী হ্রদ প্রীতি ছাত্রী

ফরাক্কা দিল্লী দার্জিলিং

কৃষ্ণনগর খড়্গপুর অণ্ডাল

বিষ্ণুপুর বৈষ্ণবঘাটা এণ্টালী

চব্বিশপরগনা ব্যারাকপুর মৌরীগ্রাম

তারিখ..........................

আশপাশ চারপাশ

ওপর	ভেতর	বাইরে	গায়ে	কোণে	গোড়ায়	তলায়

[উপরের শব্দগুলি দিয়ে নিচের ফাঁক ভরা যায়।]

১। দেওয়ালের _____ ক্যালেণ্ডার।

২। ঘরের _____ ঠাকুরদার লাঠি।

৩। দরজার _____ কার স্যাণ্ডেল ?

৪। তাকের _____ অ্যালার্ম ঘড়ি।

৫। টেবিলের _____ লণ্ঠন রাখা।

৬। আলমারির _____ বইপত্র।

৭। জানলার _____ কিসের হল্লা ?

[যা লিখলে তার ছবি আঁক ও নাম দাও।]

১৮

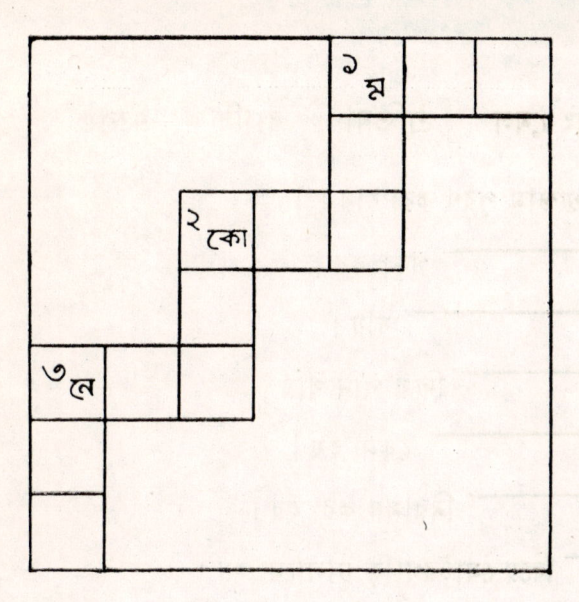

শব্দ-ছকের খেলা

এই ছকে ১ ২ ৩ নম্বর দিয়ে একটা করে অক্ষর বসানো আছে। ঐ অক্ষরগুলো পাশাপাশি ও ওপর-নিচে এক-একটি তিন অক্ষরের কথার প্রথম অক্ষর। নিচের ছবিগুলো দেখে সেই কথাগুলো খুঁজে নিয়ে চৌখুপীগুলো ভরাট করতে হবে। ছবিগুলো দেখলেই কথাগুলো মনে করতে পারবে!

পাশাপাশি

১

২

৩

ওপর-নিচে

১

২

৩

তারিখ..............................

'দিয়ে' আর 'সঙ্গে'

জর্দা   জিনিসপত্র   পেট্রোল   দার্জিলিং মেল   প্রতিমা   ব্যাধি   এস্রাজ

[উপরের শব্দগুলো দিয়ে নিচের শূন্যস্থান পূরণ করা যায়।]

১। মাটি দিয়ে ________________ গড়া হয়।

২। এ পথ দিয়ে ________________ যায়।

৩। অনেকে ________________ দিয়ে পান খায়।

৪। পয়সা দিয়ে ________________ কেনা হয়।

৫। ওষুধ দিয়ে ________________ নিরাময় করা হয়।

৬। ________________ দিয়ে মোটরগাড়ি চালানো হয়।

৭। গানের সঙ্গে ________________ বাজানো হয়।

চারজন ছেলেমেয়ে আমার খেলার সঙ্গী। তিন অক্ষরে তাদের নাম। নিচে তিনটি ক'রে শব্দ দেওয়া হল; একটির গোড়ার, একটির মাঝের ও একটির শেষের অক্ষর পরপর বসালেই নামগুলো পাওয়া যাবে। নামগুলো আলাদা লেখ।

১। শয্যা   বৈশাখ   পালঙ্ক

২। সামগ্রী   দজ্জাল   জল্লাদ

৩। অ্যাসিড   কণ্টক   দর্শনী

৪। সুন্দর   সজারু   মমতা

________________ ________________

________________ ________________

________________ ________________

________________ ________________

তারিখ ....

জোড়া জোড়া শব্দ

লঙ্কা গ্রন্থি মগ্ন **আনন্দ** মাঞ্জা কঙ্কণ ভিত্তি লক্ষ্য দঙ্গল চিহ্ন
ভিন্ন পাঞ্জা বৃত্তি জঙ্গল লগ্ন **পন্থী** **আকন্দ** **অঙ্কন** সখ্য ডঙ্কা

মেলানো যায় এমন জোড়া জোড়া শব্দ বেছে নিচে লেখঃ

লঙ্কা ______ ______ ______ ______ ______ ______ ______ ______ ______

ডঙ্কা ______ ______ ______ ______ ______ ______ ______ ______ ______

ছবির নাম

লণ্ঠন শঙ্খ বৈষ্ণবী সন্ন্যাসী গান্ধীজী ফ্যান

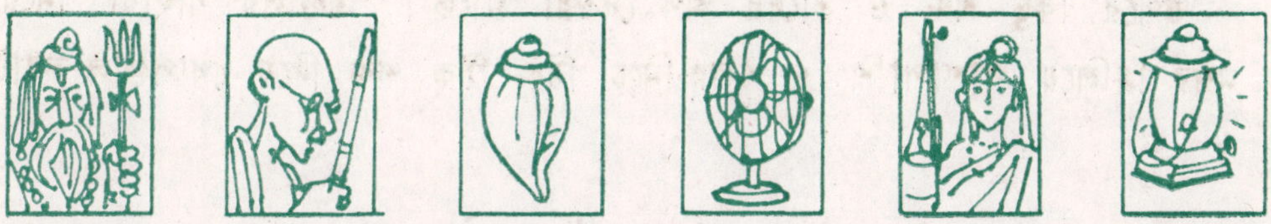

[ঠিক ছবির নিচে ঠিক নাম লিখতে হবে।]

অনুশীলনী

১। উপরের শব্দগুলির প্রত্যেকটি দিয়ে বাক্য রচনা কর।

(ক) ______

(খ) ______

(গ) ______

(ঘ) ______

(ঙ) ______

(চ) ______

শব্দ-ছকের খেলা

পাশাপাশি
(১) উদাসী = বিবাগী
(২) চাকচিক্য = চকচকে ভাব
(৩) ছাত্রাবাস = ছাত্রদের বাসস্থান
(৪) গান = গীত
(৫) শর্করা = চিনি
(৬) মুকুট = তাজ

ওপর-নিচে
(৭) বীজ = বিচি
(৮) বাগীশ = বাক্যবিশারদ; বাগ্মী
(৯) বচন = বাক্য
(১০) সাবধানতা = সতর্কতা
(১১) সরকার = রাজ

উপরে কিছু শব্দ ও তাদের অর্থ দেওয়া আছে। এগুলির সাহায্য নিয়ে নিচের ছকে নম্বর মিলিয়ে পাশাপাশি ও ওপর-নিচে ঠিক ঠিক শব্দ দিয়ে খোপগুলি ভরাট কর।

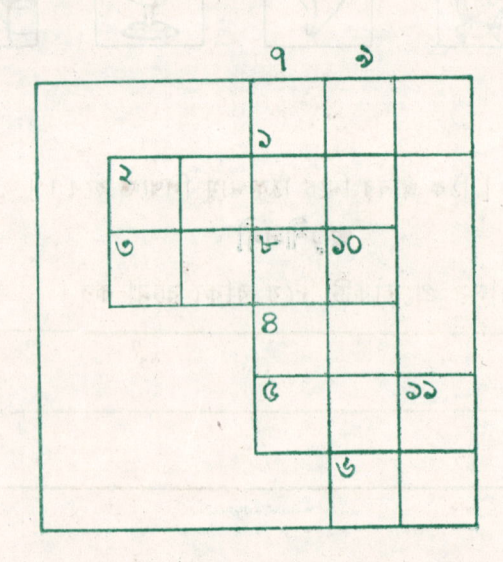

[প্রথমে পেনসিল দিয়ে চেষ্টা কর। মিলে গেলে কালি লাগাও।]

তারিখ ....

'চ'-এ আর 'ছ'-এ

নিচ্ছি পাচ্ছি খাচ্ছি যাচ্ছি দিচ্ছি হচ্ছি
নিচ্ছো পাচ্ছো খাচ্ছো যাচ্ছো দিচ্ছো হচ্ছো

উপরের শব্দগুলো ব্যবহার করে ফাঁক ভরাও :

১। আমি মার সঙ্গে বেড়াতে ________ ।
২। ঘরের মধ্যে সেন্টের গন্ধ ________ ।
৩। পার্কে বসে চিনেবাদাম ________ ।
৪। একজন তৃষ্ণার্ত লোককে জল ________ ।
৫। আলনা থেকে একটা প্যান্ট ________ ।
৬। আমি প্রতি বছর আরো লম্বা ________ ।
৭। এত তাড়াতাড়ি কোথায় ________ ?
৮। কেন কথার অবাধ্য ________ ?
৯। টবের গাছে কেন এত জল ________ ?
১০। ঘরের মধ্যে হাওয়া ________ ?
১১। স্কুলে কেন এত বই ________ ?
১২। ওষুধটা নিয়মিত ________ ?

রং কর আর ছবির নিচে লেখ :

মুদ্গর উদ্ভিদ বুদ্ধদেব

....

....

....

তারিখ................

নীলবর্ণ শৃগালের গল্প

[ছবিগুলিতে রং কর।]

অনুশীলনী

১। ছবি দেখে মুখে মুখে গল্পটি বল। ২। গল্পটি নিজের ভাষায় লেখ।

তারিখ........................

ছিলাম ছিলে ছিলেন ছিলি ছিল

নিচের শব্দগুলো দিয়ে বাক্য পুরো কর :

| ঘণ্টা | ট্রেনে | গন্ধ | প্রচণ্ড | অ্যালার্ম |

১। আমি ঘড়িতে _____ দিয়েছিলাম।

২। তুমি _____ কোন্নগর গিয়েছিলে।

৩। জঙ্গলে আপনি বাঘের _____ পেয়েছিলেন।

৪। মন্দিরে তুই _____ বাজিয়েছিলি।

৫। কাল বিকেলে _____ ঝড় উঠেছিল।

সমার্থক = সম (বা একই) অর্থ যার

| বৃদ্ধি | সুগন্ধ | উদ্ভট | নিম্ন | বর্ষাতি | সঙ্ঘ |

উপরের শব্দগুলোর সমার্থক শব্দ বেছে নিচের শব্দগুলোর তলায় বসাও :

নিচু   সমিতি   আজগুবি   সুবাস   বাড়   ছাতা

বাক্য তৈরি কর :

১। বিজ্ঞান _____।

২। ব্যঞ্জন _____।

৩। বুদ্ধিমান _____।

৪। অদ্ভুত _____।

৫। প্রত্যহ _____।

৬। বিষণ্ণ _____।

তারিখ.........................

হাতের লেখা

অপরাহ্ণ অর্জুন ব্যাঙ্গ

ভট্টাচার্য কুণ্ডু মহান্তি

বঙ্কিম নজরুল মাইকেল

সুগন্ধি তীব্র টপ্পা

বুদ্ধিমান গম্ভীর আজগুবি

তারিখ.......................... ..

৯-এর মজা

আমরা বলি দশমিকের অঙ্ক। মানে দশ দিয়ে গোণা। কিন্তু নয় (৯) দিয়ে গুণে দেখ, খুব মজা পাবে।

যদি তুমি ১, ২, ৩, ৪, ৫, ৬, ৭, ৮, ৯ যোগ কর তাহলে তার ফল হবে ৪৫। পঁয়তাল্লিশ লিখতে ৪-এর পাশে ৫ বসাতে হয়। এই দুই সংখ্যাকে যদি যোগ কর তাহলে তার ফল হবে ৯। অর্থাৎ ৪ + ৫ = ৯।

এইভাবে ৯-এর সঙ্গে যে কোনো সংখ্যা (২ থেকে ৯-এর মধ্যে) গুণ করলে যে ফল হবে সেই দুই অঙ্কের সংখ্যাটিকে পাশাপাশি রেখে যোগ করার ফল হবে ৯।

যেমন ঃ ৯ × ২ = ১৮ ; ১ + ৮ = ৯।

এইবার ৯-এর সঙ্গে যে কোনো সংখ্যা গুণ ক'রে দেখ কী দাঁড়ায় ঃ

৯ × ৩ = ২৭ এবং ২ + ৭ = ৯

— — = এবং — — =

— — = এবং — — =

— — = এবং — — =

— — = এবং — — =

— — = এবং — — =

— — = এবং — — =

যে কোনো একটা সংখ্যা নাও — যেমন, ৮৫৩। একে উল্‌টিয়ে লেখ। যেমন, ৩৫৮। এবার বড় সংখ্যাটা থেকে ছোট সংখ্যাটা বিয়োগ ক'রে যে ফল পাবে তাকে সব সময় ৯ দিয়ে ভাগ করলে মিলে যাবে।

নিজে নিজে ৯ দিয়ে এই ধরনের চারটি অঙ্ক কর ঃ

....

....

.... ÷ ৯ = ... ÷ ৯ =

....

....

.... ÷ ৯ = ... ÷ ৯ =

তারিখ.........................

নিজের আঁকা

নিচের চৌখুপীতে ১ থেকে ৩৪ পর্যন্ত পর পর লাইন টানলে যা পাবে তার নাম ছবিতে নিচে লেখ ঃ

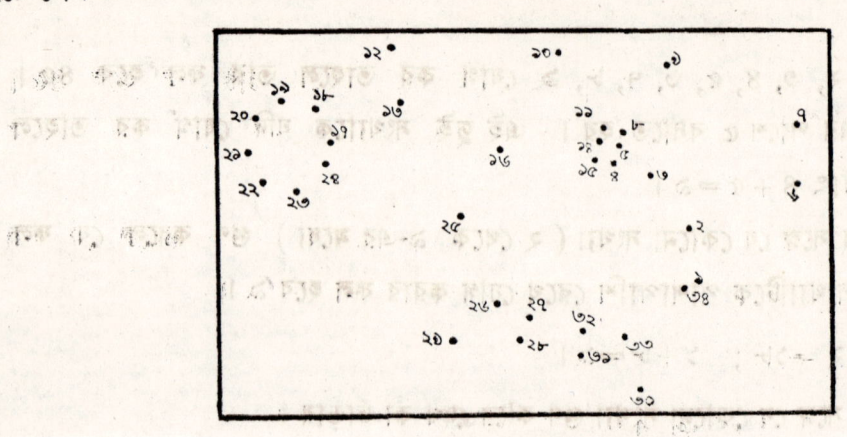

____

উড়ন্ত পান্তা তপ্ত রিক্সা রক্ত ব্যস্ত ক্যাপ্টেন

উপরের কথাগুলো ঠিক ঠিক জায়গায় বসিয়ে পুরো বাক্য রচনা কর ঃ

১। সুমন আমাদের টিমের ______________ ।

২। ______________ বালিতে পা পুড়ে যায়।

৩। কাজকর্মে বাবা খুব ______________ ।

৪। মানুষে ______________ টানে।

৫। মাথার উপর ______________ হেলিকপ্টার দেখা যায়।

৬। গ্রামের লোক ______________ ভাত খেতে ভালবাসে।

৭। ছারপোকা মানুষের ______________ খায়।

উপরের ছবি দেখে নিচের চৌখুপীতে ছবিটা নিজে আঁক ঃ

তারিখ.............................

হওয়ার কথা

হতাম হতে হতেন হতিস হত

উপরের শব্দগুলো দিয়ে নিচের শূন্যস্থান পূরণ কর :

১। আগে এই মণ্ডপে কবি গান ________ ।

২। কলেজে আপনি পরীক্ষায় প্রথম ________ ।

৩। মুখোস পরে তুই রাক্ষস ________ ।

৪। ম্যাজিক দেখে আমি অবাক ________ ।

৫। তুমি জব্দ ________ দাদার কাছে।

— —

শান্তি বাক্স ভক্তি বৃদ্ধ ঝাপটা দপ্তর

উপরের শব্দগুলো ব্যবহার ক'রে আলাদা আলাদা বাক্য রচনা কর :

১। ________ ।

২। ________ ।

৩। ________ ।

৪। ________ ।

৫। ________ ।

৬। ________ ।

তারিখ.......................

ছবির বিষয়

বন্দুকধারী	ট্রাক	ব্রিজ	অশথ	মাঝিমাল্লা	হেলিকপ্টার

পাতার নিচের চৌখুপীতে এমন একটা ছবি আঁকতে হবে যাতে উপরের বিষয়গুলি থাকে। তার আগে শব্দগুলো দিয়ে নিচের বাক্যগুলি তৈরি করে নিলে বিষয়টা আরো পরিষ্কার হবে।

১। নদীর উপর একটা ________________ ।

২। ব্রিজের ওপর দিয়ে যাচ্ছে একটা মিলিটারি ________________ ।

৩। আকাশে উড়ছে একটা ________________ ।

৪। নৌকোয় দাঁড় টানছে কয়েকজন ________________ ।

৫। ব্রিজের কাছে একজন ________________ সেপাই।

৬। নদীর ধারে একটা ________________ গাছ।

তারিখ.................. ....

মুখস্থ বিদ্যা

নিচের ছড়াটি মুখস্থ কর ঃ

গায় দিয়ে কম্বল
কথা কিছু কম বল্ ।
গেলে পরে গুম্ফায়
হাই ওঠে, ঘুম পায় ।
দিতে গিয়ে লম্ফ
হয় হৃদ্‌কম্প ।
আজকে আলমগীর
কেন এত গম্ভীর ?

—

জায়গা মতো বসাও ঃ

যাব	যাবে	যাবেন	যাবি

১। বাবা ক'দিন পরে দিল্লী ________ ।

২। তুই কি ছুটিতে বোম্বাই ________ ?

৩। আমি বড় হয়ে লণ্ডন ________ ।

৪। তুমি কি গরমের সময় দার্জিলিং ________ ?

৫। রঞ্জন ফুটবল খেলতে হায়দ্রাবাদ ________ ।

৬। কোন্ ট্রেন মাদ্রাজ ________ ?

তারিখ..................

কবে-র কথা

গতকাল	আজ	আগামীকাল

উপরের শব্দগুলো ঠিক জায়গায় বসাও ঃ

১। আপনি _____ এত সকালে বাজার যাচ্ছেন ?

২। আমরা _____ সার্কাস দেখতে গিয়েছিলাম।

৩। দিদির পরীক্ষা _____ শেষ হবে।

উল্টো মজা

নিচের শব্দগুলো উল্টো করে লেখ। তার ফলে যে নতুন শব্দগুলো পাবে তা দিয়ে বাক্য রচনা কর ঃ

সাহস	কীর্তন	মালিকা	পলক	মকর

১। _____ ।
২। _____ ।
৩। _____ ।
৪। _____ ।
৫। _____ ।

আরো বাক্য

প্রজাপতি   কিপ্টে   বজ্র — শব্দগুলো দিয়ে বাক্য রচনা কর ঃ

১। _____ ।
২। _____ ।
৩। _____ ।

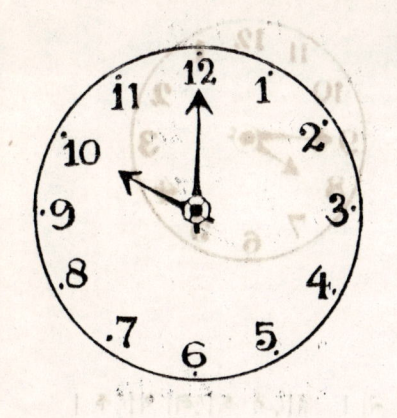

ঘড়ি দেখো

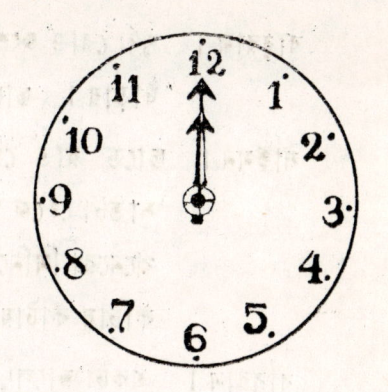

টা টো টে

বেজে বাজতে সোয়া সাড়ে পৌনে

দেড়টা আড়াইটে

ফাঁকগুলোতে বসাও :

....

তল্পিতল্পা পাল্টায় চিন্তা অল্প নিশ্চয় বাম্ব

....

সাইমন। আমরা কাল ________ ট্রেন ধরব। ট্রেন ছাড়বে সকাল আটটা বেজে পঞ্চাশ মিনিটে। বাড়ি থেকে রওনা হব সাতটা পনেরোয়।

বাবুরাম। ও, তার মানে সোয়া সাতটায়।

সাইমন। বাড়ি থেকে বেরোতে হবে দেড় ঘণ্টা আগে। এক মাস থাকব। তাই সঙ্গে অনেক ________ নিতে হবে। সাড়ে বারোটা নাগাদ পৌঁছুব জলেশ্বরে।

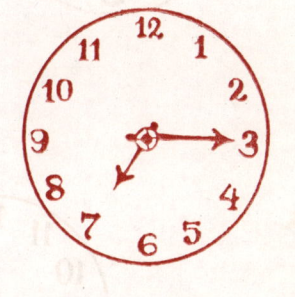

বাবুরাম। তার মানে, বারোটা বেজে তিরিশ। দূরত্বটা তো ________ নয়। আসলে ট্রেনটার স্পীড বেশি।

সাইমন। বারোমাস ট্রেনের সময় এক থাকে না।
এপ্রিল আর অক্টোবরে ____________ ।

বাবুরাম। খুর্দা রোড জংশনে বোধ হয় মিনিট পনেরো দাঁড়ায়। ছাড়ে ক'টায়?

সাইমন। ছাড়ে রাত পৌনে আটটায়। তার মানে সাতটা বেজে পঁয়তাল্লিশে বা আটটা বাজতে পনেরো মিনিটে। ____________য় পৌঁছুব কাঁটায় কাঁটায় রাত ন'টায়।

বাবুরাম। একটা ভালো, এসব ট্রেনে ____________ চুরি হয় না। রাত্রে আলো থাকে।

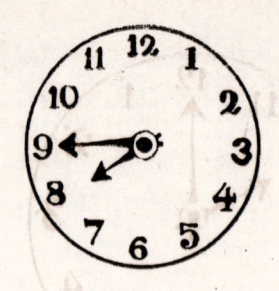

ক'টা বাজে?

দুটো বেজে পাঁচ   চারটে বাজতে দশ   বারোটা   দেড়টা
পৌনে ন'টা   আড়াইটে   সাড়ে ছ'টা

[সঠিক সময় প্রত্যেক ঘড়ির তলায় লিখতে হবে]

তারিখ.....................

ছড়ার মিল

পুষ্পবৃষ্টি   নিষ্ফলা   পরিষ্কার   অষ্টরম্ভা   পৃষ্ঠা

উপরের শব্দগুলো ব্যবহার ক'রে নিচের ছড়ায় মিল দাও ঃ

যুক্তাক্ষরটি লেখার সময় দিস্ ফলা
নইলে হবে সব শিক্ষা ________ ।
থাকলে পরে নিষ্ঠা
পড়বে সব ________ ।
করলে তুমি নতুন সৃষ্টি
মাথায় হবে ________ ।
ঝেঁটিয়ে ধুলো করিস বার
ঘর থাকবে ________ ।
বিরাট বপু মস্ত লম্বা
কাজের বেলায় ________ ।

[যে ছড়াগুলো তৈরি হ'ল সেগুলো মুখস্থ কর।]

অনুশীলনী

১। নিচের শব্দগুলো দিয়ে বাক্য রচনা কর ঃ

কম্বল ;   বন্দুক ;   বৃষ্টি ;   এরোপ্লেন ;   কম্প।

(ক) ________

(খ) ________

(গ) ________

(ঘ) ________

(ঙ) ________

তারিখ.............................

এক কথায়

নিষ্ফলা   পুষ্টিকর   পঞ্চপুষ্প   একনিষ্ঠ   দুষ্কর

উপরের শব্দগুলোর সাহায্যে নিচের কথাগুলোকে এক কথায় প্রকাশ করা যায়। বাছাই ক'রে শব্দগুলো ঠিক জায়গায় বসাও ঃ

১। যে কাজ করা শক্ত — ____________

২। পাঁচ রকমের ফুল — ____________

৩। যে কাজে ফল হয় না — ____________

৪। যার একাগ্রতা আছে — ____________

৫। যা খেলে শরীরে পুষ্টি লাগে = ____________

ছদ্মবেশ   বৃষস্কন্ধ   নির্জন   তীক্ষ্ণবুদ্ধি   রবীন্দ্র-সঙ্গীত

উপরের শব্দগুলো এক কথায় বলা আছে। নিচে শব্দগুলো ভেঙে বুঝিয়ে দাও ঃ

১। ছদ্মবেশ — ____________

২। বৃষস্কন্ধ = ____________

৩। নির্জন — ____________

৪। তীক্ষ্ণবুদ্ধি — ____________

৫। রবীন্দ্র-সঙ্গীত — ____________

[রঙ লাগাও।]

তারিখ........................

হাতের লেখা

শুভাকাঙ্ক্ষী দৌরাত্ম্য সন্ন্যাসী

সান্ত্বনা তীক্ষ্ণধার লক্ষণ

লক্ষ্মণ রাবণ বিভীষণ

উজ্জ্বল যন্ত্রণা বাগ্মিতা

তারিখ..............................

ছদ্মবেশ

উল্টে লেখ ঃ

১। ণী ক্মি রু

২। ত্মা হা ম

৩। খ ঙ্মু রা প

৪। লী ল্ম শা

৫। শ্ম বা জী

৬। ণ হ্ম ব্রা

৭। ত ভূ স্মী ভ

৮। শ বে দ্ম ছ

৯। তা গ্মি বা

১০। ল কা ষ্ম গ্রী

তারিখ............

বার

| সোম | মঙ্গল | বুধ | বৃহস্পতি | শুক্র | শনি | রবি |

কাল   পরশু

সোম মঙ্গল বুধের পর
বৃহস্পতি শুক্র
সবার শেষে শনি রবি
সপ্তাহের সাত টুকরো।

উত্তর লেখো :

১। আজ সোমবার হলে গতকাল ছিল কি বার ?
   _____ বার।

২। আজ বৃহস্পতিবার হলে কাল হবে কি বার ?
   _____ বার।

৩। আজ মঙ্গলবার হলে পরশু ছিল কি বার ?
   _____ বার।

৪। আজ বুধবার হলে পরশু হবে কি বার ?
   _____ বার।

ক্লাউন

[রঙ দাও]

নিচের কথাগুলো দিয়ে শূন্যস্থান পূরণ কর :

| ক্লাব | প্লাবন | প্লেট | শ্লেষ | স্লো | আহ্লাদ |

১। আমাদের ঘড়ি আধঘণ্টা ———— ।

২। শ্রাবণ মাসে নদীতে ———— হয়।

৩। দাদাদের ———— এবার ফাইনালে উঠেছে।

৪। কাউকে ———— ক'রে কথা বলতে নেই।

৫। নিজের প্রশংসা শুনলে কার না ———— হয় ?

৬। ওর ———— যে একদম খালি।

তারিখ.........................

উল্টোপাল্টা

উল্টোপাল্টা শব্দগুলো ঠিক ক'রে বসাও :

র স্কা র তি ______

ণ স্থা ক্ষ য়ী ______

ষ্টি স্প ষ্টা স্প ______

স্ফু ঙ্গ লি ______

লি ত স্খ ______

যথাক্রমে শব্দগুলোর মানে :

স্পষ্ট বকুনি ; বেশিক্ষণ থাকে না ; খোলাখুলি ;

ফুলকি ; যা খসে পড়েছে।

নিচের কথাগুলো দিয়ে মিল দাও :

ক্লিপ স্লেট শ্লোক আহ্লাদ গ্লোব প্ল্যাস্টিক

জল্লাদ .... ক্ষোভ .... স্তোক .... প্লেট .... নাস্তিক .... ছিপ ....

মিলের ছড়া

মিল দিয়ে ভরাও ঃ

| উস্কোখুস্কো | অস্ফুট | অবস্থা | পোস্টার |
| ইস্পাত | পদস্খলন |

যা বেসামাল তোমার চলন
কাদায় না হয় _____ ।

মারছে ওরা _____ ।
দেওয়ালের কী দোষ আর।

হাতে ব্যাগ, চুল _____
পুলিশ বলে, পাকড়াও উস্‌কো।

এখান থেকে দশ ফুট
ছবিটা তাই _____ ।

যাতে নেই সাড়, অবশ তা
জড়ের মতন _____ ।

থাকলে এতে _____ ।
ভাঙবে সাপের বিষদাঁত।

(মিল দেওয়া হয়ে গেলে ছড়াটি মুখস্থ করো।)

তারিখ........................

রঙ কর

উজ্জ্বল দিন

নিচের কথাগুলো দিয়ে শূন্যস্থান পুরণ কর ঃ

শুভাকাঙ্ক্ষী দৌরাত্ম্য সন্ধ্যা সন্ন্যাসী তন্দ্রা সান্ত্বনা
তীক্ষ্ণধার সাত্ত্বিক লক্ষ্মণ বিন্ধ্য যন্ত্রণা উজ্জ্বল

১। দাড়ি কামাবার ব্লেড খুব ______________ ।

২। আকাশের তারাগুলো কী ______________ !

৩। ______________ ছিলেন রামচন্দ্রের অনুগত।

৪। আশ্রমে অনেক ______________ আছেন।

৫। ভারতের মাঝখানে ______________ পাহাড়।

৬। তোমরা ______________ করলে দাদু ঘুমোতে পারবেন না।

৭। গুরুজনেরা সবাই আমাদের ______________ ।

৮। পণ্ডিতমশাই অত্যন্ত ______________ মানুষ।

৯। দাঁতের ______________ হলে সবাই অস্থির হয়।

১০। সারারাত জেগে ভোরের দিকে ______________ এসেছিল।

১১। কেউ শোক পেলে তাকে ______________ দাও।

১২। যেখানে বাঘের ভয় সেখানে ______________ হয়।

ছবির মানে

তারিখ ....

ছবি দেখো লেখো কোনটা কিঃ

| পার্শ্বচর | উর্ধ্ববাহু | ইস্ত্রি | উষ্ঠ |

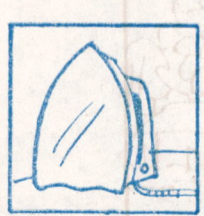

নিচে কয়েকটি শব্দের পাশে বেছে বেছে সমার্থক শব্দ বসাওঃ

| শিরস্ত্রাণ | সম্প্রতি | সম্ভ্রান্ত | অনুর্ধ্ব |
| পার্শ্ববর্তী | লোষ্ট্র | দুষ্প্রাপ্য | নিষ্ক্রিয় |

১। ঢিল _____
২। অনধিক _____
৩। যে কাজ করে না _____
৪। দুর্লভ _____
৫। হেলমেট _____
৬। আজকাল _____
৭। পাশে অবস্থিত _____
৮। অভিজাত _____

তারিখ..........................

যুক্তাক্ষর

রেফের স্থান মাথার ওপর

র-ফলাটা পায়ে পড়ে

য-ফলাকে পাশে ঠেলে

বাকিরা সব ঘাড়ে চড়ে ।

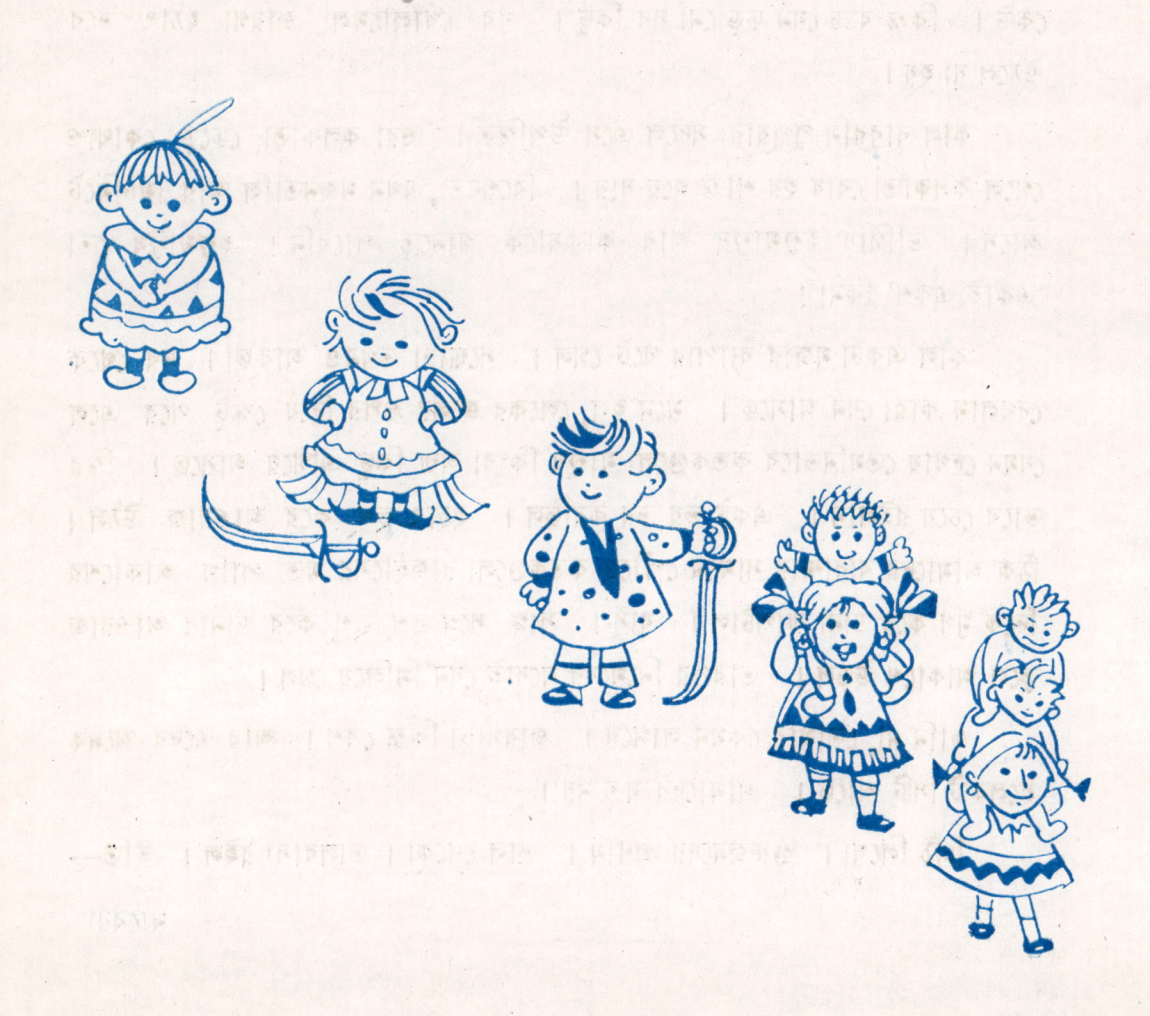

তারিখ............ ....

চিঠি

৩নং ব্লক, লেক লজ,

নাল হ্রদ।

২০শে বৈশাখ '৯০

ভাই জাহ্নবী,

আমরা লেক লজে এসে দেখি হৈ হৈ কাণ্ড। কলকাতা থেকে দলে দলে লোক এসেছে পিকনিক করতে। আমাদের মত কিছুদিনের জন্যে থাকতেও এসেছে কেউ কেউ। কিন্তু বড্ড যেন ছড়ানো সব কিছু। খুব খোলামেলা জায়গা হঠাৎ ভরে উঠলে যা হয়।

কাল বাবুরাম-পুপুয়ারা সদলে এসে উপস্থিত। ওরা কলকাতা ছেড়ে কোথাও গেলে কলকাতা বোধ হয় শান্ত হয়ে যায়। বিশেষতঃ, যখন মজনতালি আর মিটমিটে আসে। ভাগ্যিস হনুমানুষ আর কাকুয়াকে আনতে পারেনি! হনুমানুষ তো 'একাই একশ' কিনা!

কাল একটা মজার ব্যাপার ঘটে গেল। সন্ধ্যেটা তখনও আব্ছা। দূর থেকে দেখলাম কারা যেন আসছে। মনে হল, লেকের জলের ওপর দিয়ে স্কেট্ পরে এলে যেমন দেখায় তেমনিভাবে কতকগুলো মানুষ কিংবা অন্য কিছু এগিয়ে আসছে। স্থির ভাবে চেয়ে রইলাম। একটু ভয় ভয় করছিল। হঠাৎ হুশ্ করে আওয়াজ উঠল। ঠিক আমাদের বারান্দার সামনে পৌঁছে কতকগুলো রাজহাঁসের মত পাখি আকাশের দিকে মুখ করে ডানা ঝাপটাল। ব্যস্! সঙ্গে সঙ্গে হুশ্ হুশ্ করে ডানার আওয়াজ তুলে আকাশে উড়ল। তারপর নিমেষের মধ্যেই যেন মিলিয়ে গেল।

জানি না, তোমার কেমন লাগবে। জায়গাটা কিন্তু বেশ। আর এদের অনেক ইলেকটি সিটি আছে। আমাদের মত নয়।

চিঠি লিখো। গুরুজনদের প্রণাম। ভাল থেকো। ভালবাসা রইল। ইতি—

রাবেয়া

যাকে চিঠি লেখা হল তার ঠিকানা

```
                    ডাক টিকিট


          শ্রীমতী জাহ্নবী মিত্র
          ৩৬ বোসপাড়া রোড
          কলকাতা ৭০০ ০০৬
```

অনুশীলনী

১। কলকাতা থেকে কারা কারা নীল হ্রদে বেড়াতে গেছে? তাদের নাম লেখ :

২। "একটা মজার ব্যাপার ঘটে গেল" — কোন্ ঘটনার কথা বলা হচ্ছে তার বিবরণ দাও :

৩। তোমার কোনো বন্ধুকে একটা কোনো মজার ঘটনা বর্ণনা ক'রে একটা চিঠি লেখ ঃ